Cómo se hace una momia

Dona Herweck Rice

✳ Smithsonian

Autora contribuyente

Allison Duarte, M.A.

Asesores

Tamieka Grizzle, Ed.D.
Instructora de laboratorio de CTIM de K–5
Escuela primaria Harmony Leland

Douglas H. Ubelaker
Curador y científico superior
Smithsonian

Créditos de publicación

Rachelle Cracchiolo, M.S.Ed., *Editora comercial*
Conni Medina, M.A.Ed., *Redactora jefa*
Diana Kenney, M.A.Ed., NBCT, *Directora de contenido*
Véronique Bos, *Directora creativa*
Robin Erickson, *Directora de arte*
Seth Rogers, *Editor*
Caroline Gasca, M.S.Ed., *Editora superior*
Mindy Duits, *Diseñadora gráfica superior*
Walter Mladina, *Investigador de fotografía*
Smithsonian Science Education Center

Créditos de imágenes: contraportada, págs.2–3, pág.12 (ambas), pág.16, pág.22 (inferior), pág.26 (ambas), págs.27–28 © Smithsonian; pág.4 (izquierda) James Wibberding/Shutterstock; pág.5 (derecha) Meunierd/Shutterstock; pág.7 (derecha) Leemage/Bridgeman Images; pág.8 J. R. Factor/Science Source; pág.9 Andrea Izzotti/Shutterstock; pág.10 Chronicle/Alamy; pág.14 SSPL/Getty Images; pág.15 (inferior) The Metropolitan Museum of Art, presente de Rogers Fund y Edward S. Harkness, 1920; pág.17 (superior) Stefano Bianchetti/Corbis a través de Getty Images; pág.17 (inferior) De Agostini Picture Library/G. Dagli Orti/ Bridgeman Images; pág.18 (derecha) Interfoto/Alamy; pág.19 (superior) Bruno Ferrandez/AFP/Getty Images; pág.20 Kenneth Garrett/National Geographic/ Getty Images; pág.23 Sebastian Kahnert/dpa/Alamy Live News; pág.25 Carmen Jaspersen/dpa picture alliance/Alamy; todas las demás imágenes cortesía de iStock y/o Shutterstock.

Teacher Created Materials

5301 Oceanus Drive
Huntington Beach, CA 92649-1030
www.tcmpub.com

ISBN 978-0-7439-2690-4
© 2020 Teacher Created Materials, Inc.
Printed in Malaysia
Thumbprints.25941

Contenido

Conversaciones con los muertos

Enterrada bajo la ciudad de Luxor yace la antigua ciudad de Tebas. Ambas están en Egipto. Una existe en el presente y la otra existió en el pasado. Luxor cuenta sobre la vida moderna. Pero Tebas también tiene algo que contar. Su historia está en sus objetos. Las personas que quedaron atrás también ayudan a contar la historia.

Científicos actuales han descubierto parte de la historia de Tebas debajo de Luxor. Allí, desenterraron momias de los túneles y las tumbas. Los túneles y las tumbas forman parte de un lugar de entierro muy antiguo. Las momias estaban tan bien **conservadas** que los cuerpos parecían vivos. Hoy en día, los científicos saben mucho más acerca de las momias que en otras épocas. Gran parte de la información proviene directamente de las momias. ¡La verdad es que los muertos pueden contar una historia apasionante!

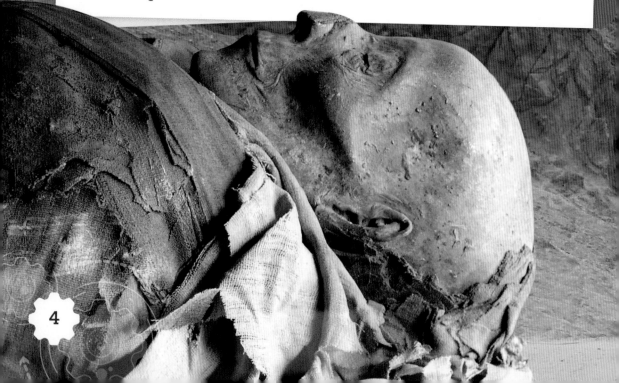

Estos hombres buscan
objetos enterrados
cerca de Luxor.

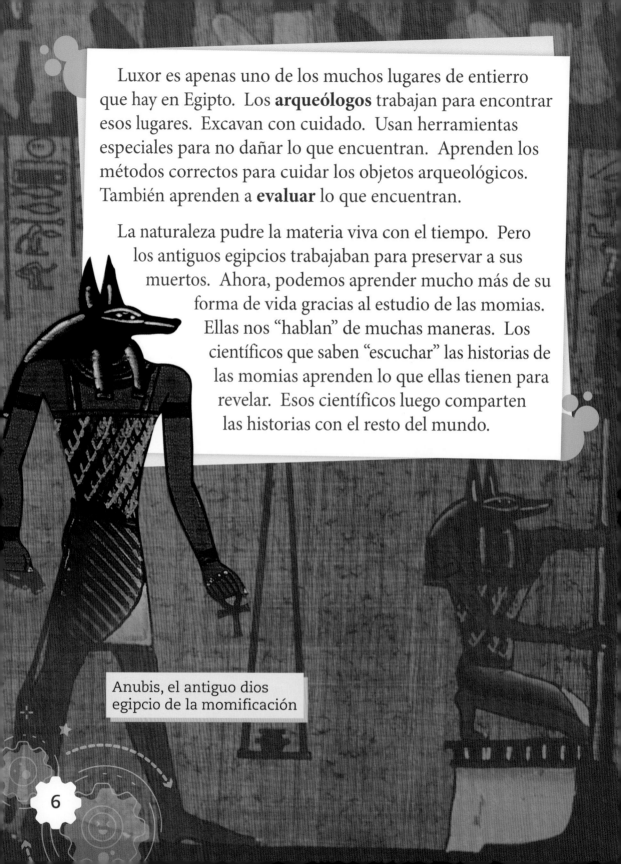

Luxor es apenas uno de los muchos lugares de entierro que hay en Egipto. Los **arqueólogos** trabajan para encontrar esos lugares. Excavan con cuidado. Usan herramientas especiales para no dañar lo que encuentran. Aprenden los métodos correctos para cuidar los objetos arqueológicos. También aprenden a **evaluar** lo que encuentran.

La naturaleza pudre la materia viva con el tiempo. Pero los antiguos egipcios trabajaban para preservar a sus muertos. Ahora, podemos aprender mucho más de su forma de vida gracias al estudio de las momias. Ellas nos "hablan" de muchas maneras. Los científicos que saben "escuchar" las historias de las momias aprenden lo que ellas tienen para revelar. Esos científicos luego comparten las historias con el resto del mundo.

Anubis, el antiguo dios egipcio de la momificación

Un arqueólogo y su ayudante analizan un objeto arqueológico.

Los antiguos egipcios creían que el alma necesitaba su cuerpo después de la muerte. Junto a su cuerpo, el alma tenía la oportunidad de vivir una vida mejor después de la muerte.

La preservación del cuerpo

Los seres vivos se descomponen cuando mueren. *Descomponerse* significa "deshacerse". Otros seres vivos se comen el cuerpo. Entre ellos están las bacterias. Las bacterias son **organismos** diminutos. Tienen una sola célula y son tan pequeñas que no se ven a simple vista. Pero existen en todo el mundo en grandes cantidades.

Una momia es un cuerpo que se ha conservado. Eso significa que las personas o la naturaleza hicieron algo que mantiene el cuerpo entero. Al principio, los egipcios enterraban a los muertos en pozos en la arena del desierto. Esos pozos se llaman fosas. El calor seco conservaba los cuerpos. Las bacterias no crecen bien allí. Por lo tanto, no había nada que descompusiera el cuerpo. Podía encogerse y oscurecerse, pero no descomponerse.

Los egipcios vieron lo que sucedía con los muertos. Se preguntaron si había otras formas de obtener el mismo resultado.

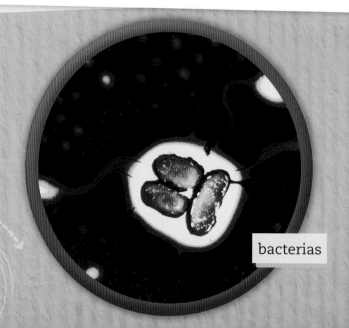

bacterias

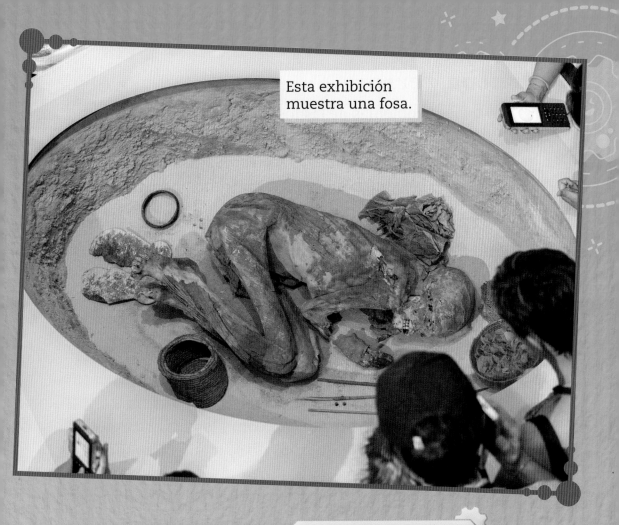

Esta exhibición muestra una fosa.

Evitar la descomposición

Las bacterias que descomponen el cuerpo no crecen bien en las zonas calurosas y secas ni en los lugares muy fríos. Tampoco se desarrollan bien en las **turberas**. El musgo que crece en las turberas mantiene alejadas a las bacterias. Las bacterias también necesitan oxígeno para sobrevivir. Si un cuerpo se mantiene en un lugar hermético, no se descompone. Se han encontrado momias en cada uno de esos lugares.

Prueba y error

Uno de los problemas de las fosas era que los antiguos egipcios creían que el espíritu necesitaba dormir allí. No les gustaba ese método porque era fácil excavar las fosas y robar su contenido. Necesitaban un plan que funcionara mejor.

Los egipcios comenzaron a hacer ataúdes y tumbas. Cavaron hoyos en la arena y los cubrieron con piedra. Colocaban a los muertos dentro de cajas y luego una tumba de piedra. Era difícil **profanar** una **sepultura** de ese tipo. Pero todavía tenían que encontrar una manera de conservar el cuerpo.

El primer intento conocido de hacer una momia consistía en envolver los cuerpos. Los egipcios envolvían firmemente los cuerpos en paños de **lino** y los colocaban en tumbas. Pensaban que eso los protegería tal como lo hacía la arena seca. Pero no fue así. Los cuerpos no se mantenían intactos.

Se descubre una tumba profanada.

Jeroglíficos

Los ataúdes y las tumbas de las momias pueden estar cubiertos de jeroglíficos. Los jeroglíficos son palabras que parecen imágenes. Si están en los ataúdes, es posible que cuenten sobre las personas o las cosas que se enterraron con ellas. También hay jeroglíficos en los cartuchos. Un cartucho es un símbolo importante que contiene el nombre de la persona.

Después, los egipcios trataron de conservar los cuerpos mojando los paños de lino en resina. La resina es una sustancia de origen vegetal. Sirve para conservar cosas. Los egipcios tuvieron cierto éxito con este método. La piel se conservaba. Pero los cuerpos se descomponían de todos modos. Las entrañas se pudrían y la podredumbre se extendía al resto de los tejidos. Los egipcios aprendieron que la descomposición comienza en los órganos.

Entonces, comenzaron a retirar algunos órganos antes de envolver los cuerpos. Conservaban los órganos en resina. Al final, enterraban los órganos junto al cuerpo. A continuación, mojaban los paños de lino en resina y rellenaban el cuerpo con ellos. Eso ayudaba a detener la descomposición y a darle forma al cuerpo. Los cortes en el cuerpo también se sellaban con resina. Luego, se envolvía al cuerpo como antes. Este método funcionó mejor. Pero los egipcios siguieron trabajando para mejorar el resultado final.

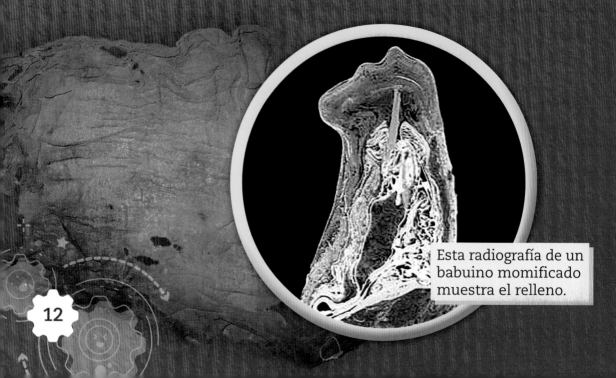

Esta radiografía de un babuino momificado muestra el relleno.

Para envolver la cabeza de esta momia, se usó un diseño muy detallado con paños de lino.

Los egipcios usaban cerca de 370 metros cuadrados (4,000 pies cuadrados) de lino para envolver una sola momia.

¡Lo lograron!

Les llevó un tiempo, pero los egipcios finalmente descubrieron una manera de mantener las bacterias lejos del cuerpo. Lo lograron mediante un proceso llamado **embalsamamiento**.

Primero lavaban el cuerpo. Este ritual lo preparaba para la vida en el más allá. Luego, colocaban el cuerpo sobre una mesa para **diseccionarlo**.

Primero extraían el cerebro. Los embalsamadores rompían uno de los huesos de la nariz. Metían un gancho por ese hueco y revolvían el cerebro para ablandarlo. Luego, sacaban el cerebro por la nariz. Enjuagaban el cráneo con agua y agregaban resina. (Nadie creía que el cerebro fuera necesario en el más allá).

Luego, los embalsamadores hacían un tajo en el lado izquierdo del torso. Extraían el hígado, los intestinos y el estómago. Cortaban el pecho y retiraban los pulmones, pero dejaban el corazón. Creían que el corazón era muy importante y no debía quitarse.

ganchos para embalsamar

Estas personas preparan a una momia para enterrarla.

Los egipcios colocaban objetos en miniatura, como casas o botes, en las tumbas. Creían que las miniaturas se convertirían en objetos reales que ayudarían a los muertos en el más allá.

A continuación, los egipcios limpiaban los órganos, los trataban con resina, los envolvían en paños de lino y los colocaban en **canopes**. Los canopes se colocaban en la tumba. Los egipcios enjuagaban el pecho con vino, lo llenaban con especias y lo rellenaban con lino. Luego, llenaban y cubrían el cuerpo con un polvo llamado **natrón**. Lo dejaban secar durante 40 días.

natrón

Una vez que estaba seco, los embalsamadores retiraban el relleno. Luego, le volvían a poner natrón fresco y paños de lino mojados en resina. Llenaban el cuerpo con aserrín y lo cubrían con una capa de resina.

Por fin, era el momento de envolver el cuerpo. Este era un proceso largo y sagrado. Se necesitaba mucho lino. Los embalsamadores oraban y lanzaban hechizos mientras envolvían el cuerpo. Colocaban **amuletos** entre las capas como protección.

canopes

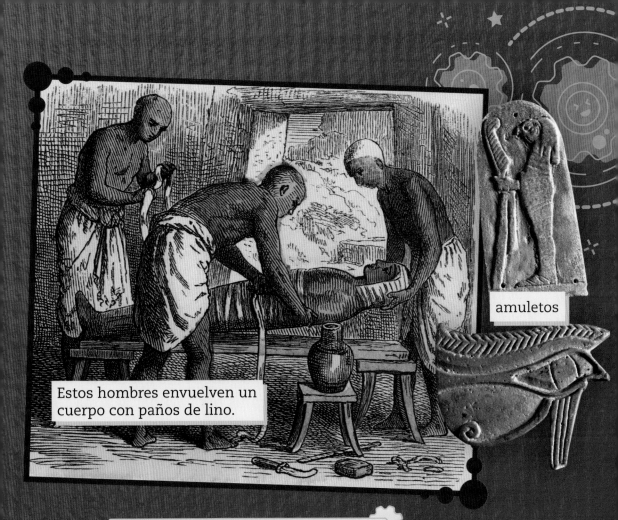

Estos hombres envuelven un cuerpo con paños de lino.

amuletos

MATEMÁTICAS

Las pirámides

Después de envolver un cuerpo, los egipcios lo colocaban dentro de una pirámide. La base de cada pirámide es un cuadrado perfecto. Cada esquina es un ángulo recto. Los constructores usaban triángulos rectángulos de cuerda y madera como instrumentos de medición. Colocaban un triángulo en cada esquina para trazar la base cuadrada. Luego, usaban una cuerda para medir cada lado y hacerlos iguales.

dibujo de la gran pirámide de Guiza vista desde arriba

Una ventana al pasado

Los científicos han estudiado las momias durante mucho tiempo. Estudian la ciencia que las hizo posibles. Quieren saber cómo y por qué se hicieron las momias. Por lo tanto, estudian lo que la gente hacía para crearlas. También estudian lo que sucede cuando se crean momias en la naturaleza. Por ejemplo, una persona puede quedar atrapada en un pantano. O puede quedar congelada y enterrada en el hielo. La naturaleza conserva el cuerpo a lo largo del tiempo.

Pero los científicos no solo estudian *qué* sucede. Estudian la cultura de las momias. La cultura explica *por qué* se hacían las momias. Eso incluye todo lo que se hace para ayudar a los muertos. A veces se hacen máscaras para ayudar al alma a encontrar el cuerpo. Otras veces, se entierra a las momias con las posesiones que necesitarán en el más allá.

antiguo papiro egipcio

máscara de una momia egipcia

18

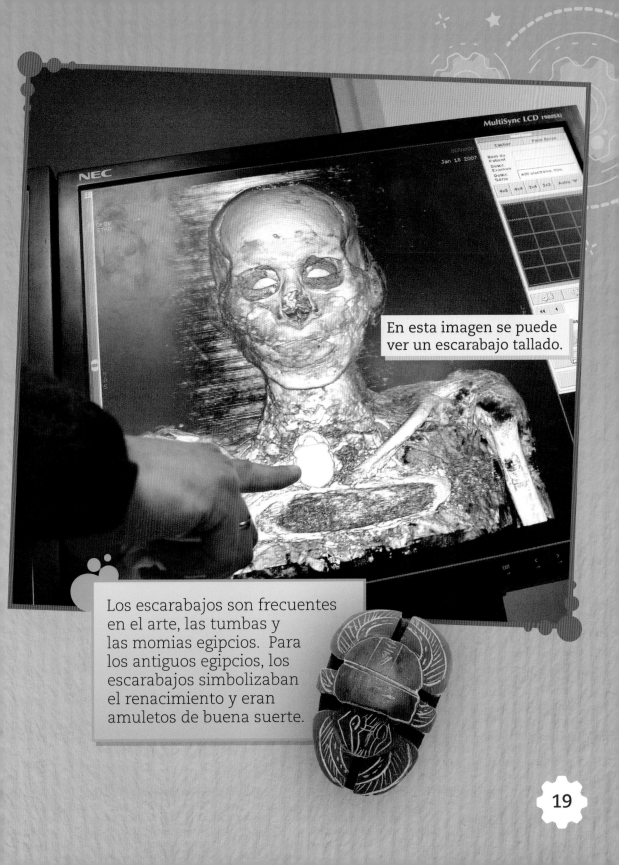

En esta imagen se puede ver un escarabajo tallado.

Los escarabajos son frecuentes en el arte, las tumbas y las momias egipcios. Para los antiguos egipcios, los escarabajos simbolizaban el renacimiento y eran amuletos de buena suerte.

Estudiar las momias no siempre es fácil. No se trata simplemente de encontrar una momia y observarla. Hay que tomar precauciones para mantener a la momia entera. Se necesitaron las condiciones adecuadas para preservar a la momia en primer lugar. Las condiciones deben mantenerse. Si no, la momia no durará. Puede que luego no quede nada para estudiar.

El aire es una gran amenaza para las momias. Una vez, los científicos abrieron una momia para estudiarla. La momia estaba cubierta de una sustancia parecida al alquitrán. Cuando el aire tocó la sustancia, comenzó a quemarse lentamente. Luego, se prendió fuego y la momia quedó convertida en cenizas. Ahora sabemos que una momia expuesta no dura. Las momias deben estudiarse sin exponerlas al aire.

Estos científicos envían robots con cámaras para ver dentro de las tumbas.

un modelo por computadora de la tumba de un faraón

INGENIERÍA

Hermético

Para que las momias duraran, los ataúdes y las tumbas debían ser herméticos. Todas las medidas tenían que ser precisas para que no hubiera espacio entre las piedras. Las momias estaban completamente selladas. Si no había aire, no había bacterias. A menudo, las puertas de piedra de las tumbas también se cubrían con cemento. Eso creaba un aislamiento adicional.

Herramientas modernas

Ahora es posible estudiar a las momias con más profundidad que antes. Existen herramientas para ver su interior sin abrirlas. Las sustancias químicas que hay en el cuerpo y el **ADN** también se pueden estudiar. Revelan mucho. Pueden mostrar lo que las personas comían y cómo murieron, entre otras cosas.

Las radiografías y las tomografías computarizadas ayudan a los científicos. Les permiten mirar a través de los ataúdes para ver qué hay dentro. Las cámaras diminutas montadas en tubos largos y delgados también sirven para echar un vistazo. Es el mismo método que usan los médicos para mirar dentro de sus pacientes sin cortarlos con el bisturí. Las momias se mantienen enteras. Mejor aún, se pueden estudiar de nuevo a medida que se crean herramientas nuevas.

Los artistas también pueden ayudar. Usan imágenes escaneadas como modelo de las momias. Luego, dibujan la apariencia que pueden haber tenido las personas cuando estaban vivas.

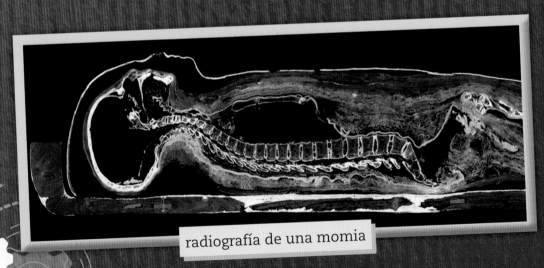

radiografía de una momia

TECNOLOGÍA

Traer el pasado al presente

Las tomografías computarizadas son como las radiografías. Pero son mucho más detalladas que las radiografías. Muestran lo que hay dentro de un objeto con mucho detalle. Los científicos escanean los huesos y los tejidos blandos de las momias. Las tomografías se pueden superponer usando un programa de computadora que crea imágenes tridimensionales. Luego, se pueden usar para hacer modelos de las momias con impresoras 3D.

Lo que revelan las momias

Se pueden usar herramientas modernas para conocer detalles de cada momia. Las herramientas modernas pueden revelar la edad que tenía la persona al morir y su estado de salud general. Pueden mostrar cómo murió.

El tamaño y la forma del hueso pélvico de una momia revelan si era hombre o mujer. Una abertura más amplia indica que el hueso pertenece a una mujer.

La artritis en los huesos puede mostrar la edad de la persona. Los huesos se vuelven más ásperos a medida que las personas envejecen. Los dientes muestran la edad de los niños. A los niños se les caen y les crecen los dientes a ciertas edades. La medida de sus huesos largos también puede mostrar la edad de los niños. Pero una mala nutrición puede retrasar el crecimiento.

Los huesos también pueden revelar la salud general que tenía la persona al morir. ¿La persona murió de repente o a causa de una enfermedad? ¿Se ven heridas? Las heridas pueden mostrar cómo murió la persona.

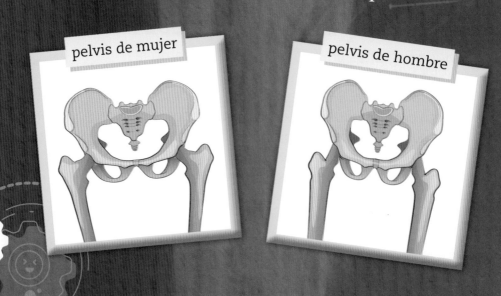

pelvis de mujer

pelvis de hombre

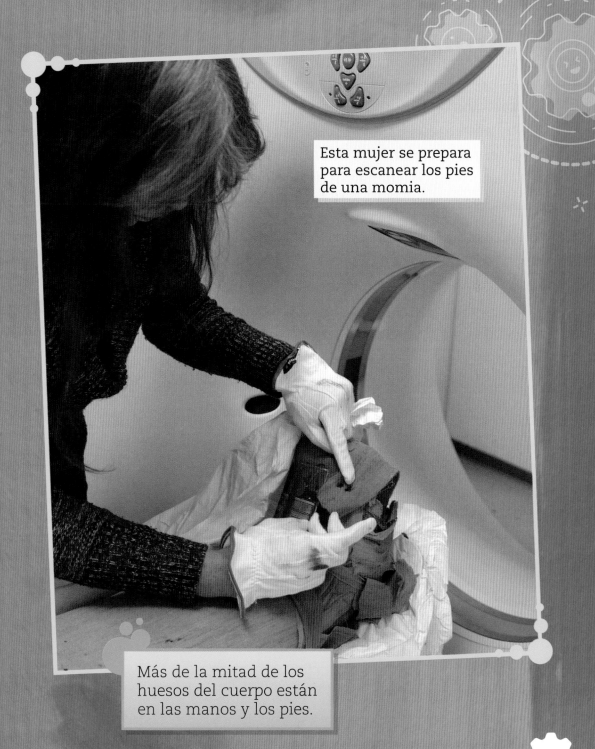

Esta mujer se prepara
para escanear los pies
de una momia.

Más de la mitad de los
huesos del cuerpo están
en las manos y los pies.

Momias o no

La verdad es que el proceso ideal para hacer momias no se usaba con todos los cuerpos. Los habitantes de Egipto no eran todos iguales en la vida ni en la muerte. Muchos cuerpos recibían tratamientos menos costosos. Algunos cuerpos solo se llenaban de natrón. Al cabo de 40 días, el cuerpo se entregaba a la familia. El entierro dependía de ellos. No había planes de tumbas espléndidas.

Pero incluso los métodos sencillos costaban dinero. Aun así, todos esperaban convertirse en momias. Querían ser preservados. Todos querían tener una vida feliz en el más allá. No es de extrañar que los egipcios se hayan esforzado tanto para mejorar el proceso. Les llevó muchos años. Hubo prueba y error. Pero insistieron a pesar de todo. Creían que sus vidas dependían de ello.

cocodrilo momificado

halcón momificado
dentro de un ataúd
de madera

También se hacían momias de algunos animales. A veces, era por motivos religiosos, como ofrendas a los dioses. Otras veces, era para que el animal pudiera acompañar a los muertos.

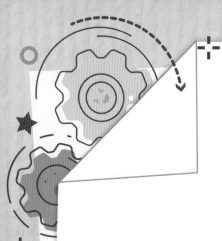

DESAFÍO DE CTIAM

Define el problema

Han hallado un gato momificado cerca de la antigua ciudad de Tebas. Te han contratado para construir la caja que transportará a la momia de manera segura hasta un museo. Antes de enviar la momia, debes poner a prueba tu modelo para demostrar que la protegerá.

Limitaciones: Utiliza como máximo cinco materiales, como pedazos de cartón, cinta adhesiva, pegamento, cubos de poliestireno para embalaje, sorbetes, palillos de dientes, trozos de espuma de poliestireno o papel para borrador.

Criterios: Tu modelo deberá proteger un artículo frágil en caso de que caiga desde una altura de 1 metro (3 pies).

Investiga y piensa ideas

¿Por qué es necesario que la momia viaje en una caja especial? ¿De qué manera tu caja protegerá a la momia?

Diseña y construye

Bosqueja tu diseño. ¿Qué propósito cumple cada parte? ¿Cuáles son los materiales que mejor funcionarán? Construye el modelo.

Prueba y mejora

Coloca un objeto frágil dentro de tu modelo. Déjalo caer desde 1 m (3 ft) de altura. ¿El objeto frágil se rompió? Modifica tu diseño y vuelve a intentarlo.

Reflexiona y comparte

¿Funcionó tu diseño? ¿Cómo lo sabes?

Glosario

ADN: la sustancia que contiene información genética en las células de las plantas o los animales

amuletos: objetos pequeños para alejar la mala suerte

arqueólogos: científicos que estudian restos (como fósiles, reliquias, objetos históricos y monumentos) de la vida y las actividades humanas del pasado

canopes: vasijas que contenían órganos momificados y se colocaban con su momia en una tumba

conservadas: salvadas de la descomposición

diseccionarlo: abrir un cuerpo y dividirlo en partes

embalsamamiento: el proceso de tratar un cuerpo muerto para que no se descomponga

entrañas: los órganos internos

evaluar: hacer un juicio basado en hechos

lino: una tela natural hecha a partir de una planta llamada lino

natrón: un polvo a base de sal que se encuentra a lo largo del Nilo y tiene el efecto de matar bacterias

organismos: seres vivos

profanar: dañar o tratar algo sagrado sin respeto

sepultura: un lugar donde se entierra un cadáver

turberas: terrenos húmedos y esponjosos donde crecen musgos

Índice

¿Quieres conservar el pasado?
Estos son algunos consejos para empezar.

"*Desarrolla una buena ética de trabajo haciendo tu tarea y cumpliendo con las fechas de entrega. Lee todo lo que puedas sobre anatomía, medicina forense, antropología y el antiguo Egipto. ¡Siempre me sorprende lo mucho que se puede aprender sobre una persona al analizar su esqueleto!*". —**Dr. Douglas Ubelaker, antropólogo físico**

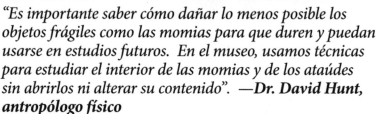

"*Es importante saber cómo dañar lo menos posible los objetos frágiles como las momias para que duren y puedan usarse en estudios futuros. En el museo, usamos técnicas para estudiar el interior de las momias y de los ataúdes sin abrirlos ni alterar su contenido*". —**Dr. David Hunt, antropólogo físico**